IQ-Training für Kinder 2025

Altersklasse: 8 – 12 Jahre

Neu: Mit Bonus-Aufgaben

Aribert Böhme
Psychologische Beratung & Lerncoaching

Impressum

Alle Rechte liegen beim Autor
Düsseldorf, im Herbst 2024
E-Mail: Psychologische_Beratung_Boehme@gmx.de
Verlag: BoD · Books on Demand GmbH, In de Tarpen 42, 22848 Norderstedt
Druck: Libri Plureos GmbH, Friedensallee 273, 22763 Hamburg
ISBN: 978-3-7583-0165-0

Bibliografische Information der Deutschen Nationalbibliothek

Die Deutsche Nationalbibliothek verzeichnet diese Publikation in der Deutschen Nationalbibliografie; detaillierte bibliografische Daten sind im Internet über http://dnb.d-nb.de abrufbar.

<u>Eine persönliche Anmerkung grundsätzlicher Art:</u>

Konstruktive Kritik ist nicht nur sinnvoll und notwendig, sondern ausdrücklich gewünscht, um die Qualität eines Buches optimieren zu können.

Das, was sich jedoch zunehmend auch im Rahmen sog. „Rezensionen" im Internet beobachten lässt, hat oftmals mit konstruktiver Kritik leider nichts mehr zu tun. Vielmehr lässt sich beobachten, dass es offenbar nicht wenige Leute gibt, die weder willens, noch fähig zu dem sind, was es heißt „Konstruktive Kritik zu üben".

Verbale Anfeindungen primitivster Art, die zudem zumeist inhaltlich jeder verifizierbaren Grundlage entbehren, überfluten nicht selten den Bereich von sog. „Rezensionen", sodass potenzielle Neuleser*innen oftmals einen falschen Eindruck von einem Buch bekommen können.

Ganz ausdrücklich danke ich solchen Leser*innen, die zu recht in einer konstruktiven Art und Weise auf nachweislich vorhandene Fehler in älteren Versionen dieser Buchreihe aufmerksam gemacht haben. In einigen Fällen war es auch so, dass sich zunächst als „Fehler" geglaubt erkannte Defizite bei genauerem Hinsehen als eigene Fehler bzw. Missverständnisse der sog. „Rezensent*innen" herausgestellt haben. Bedauerlicherweise werden solche Klarstellungen, die im Interesse der Autorinnen und Autoren aus Gründen der Fairness zu erwarten wären, auf der übermächtigen Plattform xyz systematisch unterdrückt.

Aufmerksame und kluge Leser*innen werden sicher längst erkannt haben, dass sog. „Rezensionen", bei denen oftmals faire und nachprüfbare Klarstellungen systematisch unterdrückt werden, keine seriöse Orientierungshilfe für potenzielle Leser*innen bieten.

Vorwort

Liebe Kinder,

herzlich willkommen hier im Lernland für schlaue Kinder.

Schön, dass du dieses Buch in deinen Händen hältst.

Damit hast du eine kluge Entscheidung getroffen.

Dieses Trainingsbuch kann und wird dir dabei helfen viele Fähigkeiten zu trainieren, die du auch in der Schule immer wieder benötigst.

Hier in diesem IQ-Trainingsbuch findest du viele Übungen zu folgenden Themen:

- *Logik*
- *Sprache*
- *Rechnen*
- *Gedächtnistraining*

Vermutlich fragst du dich schon, was wohl diese merkwürdige Abkürzung „IQ" bedeuten mag...?!

Hinter dieser Abkürzung verbirgt sich der Begriff „Intelligenzquotient".

Wenn du nun denkst, dass du genauso schlau bist wie zuvor, dann hast du recht. Warum?

Nun, unter dem Begriff „Intelligenz" kannst du dir vielleicht etwas Konkretes vorstellen. In der Alltagssprache benutzen Menschen dann oftmals solche Formulierungen wie z. B.:

Dieses Kind ist sehr schlau.
Dieses Kind ist sehr klug.
Dieses Kind ist sehr clever.

Bestimmt kennst du noch weitere Formulierungen, die alle miteinander zum Ausdruck bringen möchten, dass du über Fähigkeiten verfügst, die es dir ermöglichen, schwierige Situationen bzw. schwierige Aufgaben ohne fremde Hilfe selbstständig korrekt lösen zu können.

Den Begriff „Quotient" kennst du vermutlich schon aus dem Mathematik-Unterricht in der Schule?

Zur Erinnerung: Damit ist das Ergebnis einer Divisionsaufgabe gemeint, wie z. B.: 3600 : 60 = 60.

Der Begriff „Intelligenzquotient" (kurz: IQ) stellt – einfach gesagt – einen Zusammenhang her zwischen dem Lebensalter eines Menschen, und dessen Fähigkeit, Aufgaben selbstständig korrekt lösen zu können.

Was ist damit gemeint?

Hier ein konkretes Beispiel, das dir das Verständnis erleichtern wird:

Angenommen, ein acht Jahre altes Kind löst eine schwierige Aufgabe, die zumeist erst von einem zehnjährigen Kind korrekt gelöst werden kann, dann bedeutet das, dass das acht Jahre alte Kind diesbezüglich eine überdurchschnittliche Intelligenz besitzt, da es schon eine Aufgabe hat lösen können, die eigentlich erst für ältere Kinder (hier: Zehnjährige) entwickelt wurde.

Umgekehrt gilt: Angenommen, ein zehnjähriges Kind wäre nicht dazu in der Lage, eine Aufgabe korrekt zu lösen, die zumeist schon von achtjährigen Kindern richtig gelöst werden könnte, dann bedeutete das, dass dieses zehnjährige Kind über eine unterdurchschnittliche Intelligenz

verfügt.

Ganz wichtig ist jedoch zu wissen, dass kein einziger Intelligenztest etwas über deinen Wert als Mensch aussagt.

Du bist – so oder so – ein wertvolles Kind, das über vielfältigste Fähigkeiten verfügt, die sich mit keinem Intelligenztest sinnvoll messen lassen.

Jedes Kind und auch jeder Erwachsene ist von Natur aus unterschiedlich.

Niemand, auch du, wurde vor der Geburt gefragt, ob sie oder er beispielsweise besonders gut rechnen kann, oder ob du vielleicht besondere Sprachfähigkeiten besitzt, oder ob ein Mensch künstlerisch begabt sein möchte?

Deshalb ist es sehr wichtig, dass du dich zwar darüber freuen darfst, wenn du beispielsweise besonders gut rechnen kannst, oder dass du vielleicht über gute Sprachfähigkeiten verfügst. Jedoch solltest du nicht den Fehler begehen, dich deshalb als besser oder wertvoller zu fühlen, als ein anderes Kind, das vielleicht in bestimmten Teilbereichen weniger gute Leistungen zeigt.

Klüger und besser ist es, wenn du daran denkst, dass eine gute Intelligenz vorwiegend nicht dein eigener Verdienst ist, sondern vielmehr ein Geschenk, das dir die Natur mit auf deinen Weg gegeben hat.

Von daher solltest du dankbar dafür sein, dass du von anderen Menschen als klug oder clever eingeschätzt wirst.

In diesem IQ-Trainingsbuch geht es also <u>nicht</u> darum einen Wettbewerb zwischen dir und anderen Kindern zu starten, mit dem Ziel, dass sich intelligentere Kinder womöglich anderen Kinder gegenüber überheblich verhalten, weil sie vielleicht bessere Testergebnisse erzielt haben.

Vielmehr wird dir dieses IQ-Trainingsbuch die Chance geben, viele Aufgaben frei und ungezwungen trainieren zu können, die dir auch in der Schule im weiteren Verlauf sehr nützlich werden könnten.

Bitte vergiss nicht:

*Du lernst weder für deine Eltern, noch für deine Lehrer*in oder für andere Menschen.*

Du lernst einzig und allein für dich!

Du musst niemandem beweisen, dass du womöglich in bestimmten Schulfächern besser bist als andere Kinder.

Wichtig ist vor allem, dass du mit Freude lernst.
Wichtig ist, dass du vor allem deswegen lernst, weil dich viele Themen wirklich interessieren.

Unsere gesamte Welt könnte sehr viel freundlicher und friedlicher sein, wenn die Menschen begreifen würden, dass es für uns alle sehr viel besser ist, wenn jeder Mensch genau __die__ positiven Fähigkeiten zur Entfaltung bringen könnte, die ihm die Natur geschenkt hat.

Vielleicht bist du auch traurig darüber, dass schon in der Schule Kinder dazu angeleitet werden, Leistungsvergleiche zwischen sich und anderen Kindern anzustellen, mit dem Ergebnis, dass dann vor allem genau solche Kinder traurig sind, denen die Natur eben leider keine hohe Intelligenz geschenkt hat.

Als kluges Kind, das du vermutlich bist, wirst du verstehen, dass ein wirklich kluges Kind sich zwar über eigene, gute Leistungen freuen wird, es sich jedoch nicht über womöglich schwächere Leistungen anderer Kinder lustig machen wird. Das ist nicht nur unfair, sondern vor allem auch sehr dumm!

Also: Sei ein kluges Kind, und nutze dieses IQ-Trainingsbuch in dem Sinne, dass du deine eigenen Fähigkeiten verbessern möchtest, um somit auch in der Schule gute Chancen zu haben. Hüte dich bitte davor, andere Kinder zu beleidigen oder zu hänseln, falls diese teils schlechtere Testergebnisse erzielen, sondern freue dich vielmehr über deine eigenen, guten Ergebnisse, und nutze deine Intelligenz auch dazu, anderen Kindern zu helfen, denen die Natur leider eine etwas schwächere Intelligenz geschenkt hat.

Wichtiger Hinweis:

Alle hier im Buch verwendeten Namen und Adressen sollten bitte als fiktiv verstanden werden. Mögliche Überschneidungen mit real existierenden Menschen oder Adressen sind nicht beabsichtigt.

<u>**Wie kannst du nun mit diesem IQ-Trainingsbuch sinnvoll arbeiten?**</u>

*Zunächst einmal ist es wichtig, dass du diesen IQ-Test nur in einem ausgeruhten und entspannten Zustand durchführst. Falls du z. B. Stress in der Schule hast, Ärger mit deinen Eltern oder Mitschüler*innen, falls du dich nicht gut fühlst usw., solltest du bitte auf jeden Fall eher einen Zeitraum wählen, der für dich besser geeignet erscheint.*

Während du den IQ-Test durchführst, musst du bitte unbedingt darauf achten, dass du durch nichts und niemand gestört wirst. So wäre es beispielsweise sehr schlecht, wenn Geschwister oder Freunde dich während des Tests in deiner Konzentration störten. Ebenso solltest du bitte unbedingt darauf verzichten Musik zu hören oder Fernsehen zu schauen. Auch dein Smartphone solltest du während der Testzeit unbedingt komplett entfernen. Jede unnötige Störung schwächt deine Konzentration. Und genau die ist bei der Durchführung dieses IQ-Tests sehr wichtig und unverzichtbar!

Je nach deiner persönlichen Arbeitsgeschwindigkeit wirst du für die vollständige Durchführung dieses IQ-Tests etwa vier bis fünf Stunden benötigen. Selbstverständlich darfst du dieses Trainingsbuch auch in kleineren Zeiteinheiten bearbeiten. Achte aber bitte darauf, dass keiner der Zeitabschnitte weniger als eine Stunde beträgt.

Falls du bei der einen oder anderen Aufgabe merkst, dass du absolut nicht weiterkommst, dann bearbeite einfach die jeweils nächste Aufgabe, damit du keine unnötige Zeit verlierst.

Sehr hilfreich wird es sein, wenn du deine Eltern darum bittest, dich bei der Durchführung dieses IQ-Trainingsbuchs zu unterstützen, indem deine Eltern darauf achten, dass die vorgegebenen Bearbeitungszeiten konsequent eingehalten werden. Ganz besonders wichtig ist, dass dir deine Eltern ansonsten keine Hilfen (z. B. Tipps zur Lösung) geben, denn das verfälscht natürlich das Testergebnis!

Welche Arbeitsmaterialien brauchst du zur Durchführung dieses IQ-Tests?

Außer einem Stift (Kugelschreiber, Füller oder Bleistift) darfst du ausschließlich deinen eigenen Kopf benutzen. In seltenen Fällen ist es bei einigen Aufgaben gestattet, dass du auch einen Schreibblock verwendest. Sollte das der Fall sein, wird in der betreffenden Testaufgabe ausdrücklich noch darauf hingewiesen.

Alle sonstigen Hilfsmittel, wie beispielsweise: Taschenrechner, Bücher, unterstützende Eltern oder ältere Geschwister usw. sind ausdrücklich verboten!

So, und nun kann's richtig losgehen...

Ich wünsche dir ganz viel Freude bei deiner Arbeit mit diesem IQ-Trainingsbuch sowie ein gutes und erfreuliches Testergebnis!

Und nochmals:

Bitte vergiss nicht: Wie immer auch dein Testergebnis ausfallen wird...

Du bist ein wertvolles und liebenswertes Kind.

Falls dein Testergebnis erfreulich ausfällt, darfst du dich voller Dankbarkeit darüber freuen.

Falls dein Testergebnis womöglich weniger gut ausfallen sollte, bedeutet das nicht, dass du kein wertvolles Kind bist, sondern lediglich, dass du deine Fähigkeiten in dem einen oder anderen Bereich in Zukunft noch deutlich verbessern kannst. Du schaffst das!

<u>*Wichtige Hinweise für deine Eltern*</u>

Liebe Eltern,

schön, dass Ihr Kind dieses IQ-Trainingsbuch bearbeiten möchte.

Das ist eine gute und lobenswerte Entscheidung!

Bitte bedenken Sie jedoch, dass es <u>nicht</u> Sinn und Zweck dieses IQ-Trainingsbuchs ist, Kinder dazu aufzufordern, sich in einen wechselseitigen Konkurrenzkampf um das womöglich beste Testergebnis zu begeben.

Das wäre kontraproduktiv, und ist hier ganz ausdrücklich <u>nicht</u> gewollt!

Vielmehr möchte dieses IQ-Trainingsbuch Ihrem Kind die Chance geben, vielfältige und typische Testaufgaben zu bearbeiten, wie sie im Rahmen diverser IQ-Tests in unterschiedlichen Situationen zum Einsatz kommen.

Primär geht es hier weniger darum möglichst viele Punkte zu sammeln, sondern vielmehr darum, auf eine ungezwungene und entspannte Art und Weise möglichst viele Testaufgaben bearbeiten zu können, um somit frühzeitig ein sicheres Gespür für zu erwartende Anforderungen entwickeln zu können.

Insofern sollten Sie bzw. Ihr Kind die ermittelten Testwerte allenfalls als eine grobe Orientierungshilfe verstehen; nicht jedoch als ein „in Stein gemeißeltes Ergebnis". Bitte bedenken Sie, dass es sich hierbei lediglich um eine Momentaufnahme handelt, die aus verständlichen Gründen von diversen Faktoren beeinflusst wird, auf die weder Sie, noch Ihr Kind einen signifikanten Einfluss haben.

Es liegt in der Natur der Sache, dass in dem hier primär als Zielgruppe avisierten Altersintervall von ca. 8 – 12 Jahren teils erhebliche

Unterschiede in den jeweils erreichten Entwicklungsstufen bestehen.

So werden beispielsweise die durchschnittlich zu erwartenden IQ-Werte zwischen achtjährigen und zwölfjährigen Kindern erheblich deutlicher voneinander abweichen, als dies in einem höheren Lebensalter bei Erwachsenen der Fall sein wird.

Von daher wird es so sein, dass manche der hier zu bearbeitenden Testaufgaben vor allem für jüngere Kinder relativ schwieriger zu lösen sein werden, da u. a. auch rein wissensmäßige Aspekte (z. B. geographische Kenntnisse usw.) mit in manche Aufgaben einfließen.

Dies sollten Sie bzw. Ihr Kind jedoch <u>nicht</u> als Benachteiligung wahrnehmen, <u>sondern</u> vielmehr als eine Chance – sozusagen „nebenbei" auch noch den eigenen Wissenspool ein wenig mit neuem Wissen auffüllen zu können.

Falls also Ihr Kind bei der einen oder anderen Aufgabe aus verständlichen Gründen sichtlich überfordert sein sollte, leiten Sie es bitte dazu an, in solchen Fällen einfach zur jeweils nächsten Aufgabe überzugehen.

Fundamental entscheidend wird sein, dass Ihr Kind dieses IQ-Trainingsbuch nicht als eine „zusätzliche Belastung" erlebt, sondern vielmehr als eine Möglichkeit, frei und ohne Druck vielfältigste Aufgaben trainieren zu können.

In diesem Sinne wünsche ich Ihrem Kind ein gutes Gelingen sowie viel Freude und spannende Stunden bei der Beschäftigung mit diesem IQ-Trainingsbuch.

Der Autor:

Aribert Böhme, Freiberufler seit 1988, bietet Dienstleistungen in folgenden Bereichen:

- Psychologische Beratung (Lernpsychologie, Familienpsychologie, Lebensberatung)
- Lerncoaching (Fernlehrgänge z. B.: SGD, ILS in den Fachbereichen Psychologische Beratung, Psychotherapie für Heilpraktiker usw.)
- Implementierung von Texten für Sachbücher in den Bereichen: Lernpsychologie, Psychologie, Pädagogik, EDV, Gesellschaft, Lebensweisheiten
- Coaching für Seniorinnen & Senioren (z. B. Gedächtnistraining)

Im Rahmen seiner freiberuflichen Dozententätigkeit hat der Autor bis dato (2024) ca. 9000 TeilnehmerInnen im Fachbereich EDV bei diversen, namhaften Instituten unterrichtet. In seiner Funktion als Psychologischer Berater (SGD-Dipl.) bietet der Autor regelmäßig Klientensitzungen vor Ort für hilfesuchende Menschen in den Bereichen: Lebensberatung, Konfliktberatung, Familienpsychologie, Schulpsychologie sowie Lernpsychologie, an.

Bis dato (2024) hat der Autor 37 Titel im thematischen Umfeld von EDV, Lernpsychologie, Pädagogik, Gesellschaftskritik, Lebensweisheiten sowie drei Romane und ein Kinderbuch unter Pseudonym publiziert (inkl. einiger Auslandslizenzen für Frankreich, Polen und Russland). Zudem erfolgten Veröffentlichungen in namhaften Tageszeitungen (FAZ, Süddeutsche Zeitung, Rheinische Post usw.).

Seminare und Vorträge zu den Themen Motivationscoaching, Lernpsychologie, Lerntechniken, bietet der Autor sowohl als Firmenschulungen, wie auch als Privatseminare vor Ort an. Anfragen bitte grundsätzlich per E-Mail an:

Psychologische_Beratung_Boehme@gmx.de

Im Rahmen der Implementierung des vom Autor entwickelten NEURONET 2.0 im Umfeld der Neuroinformatik, mit dessen Hilfe Prognosen für Sportwetten erstellt werden können, erfolgte in den Jahren 2001 und 2002 eine ehrenvolle Aufnahme in die Who-is-Who-Lexika, Deutschland & Europa.

Düsseldorf, im Herbst 2024

Hauptgruppen für die IQ-Testaufgaben

A)   Sprachliche Intelligenz: Welches Wort passt nicht?

B)   Sprachliche Intelligenz: Gleiche Wortbedeutung?

C)   Sprachliche Intelligenz: Buchstabensalat

D)   Sprachliche Intelligenz: Buchstabengruppen

E)   Sprachliche Intelligenz: Buchstabenreihen

F)   Logisches Denken: Analogien

G)   Logisches Denken: Schlussfolgerungen

H)   Logisches Denken: Zahlenreihen ergänzen

I)   Logisches Denken: Silbenrätsel

J)   Logisches Denken: Wochentage

K)   Logisches Denken: Unmögliches erkennen

L)   Logisches Denken: Meinung oder Tatsache?

M)   Mathematische Fähigkeiten: Kopfrechnen

N)   Mathematische Fähigkeiten: Rechenzeichen einsetzen

O)   Beobachtungsgabe: Welches Zeichen ist anders in einer Reihe?

P)   Merkfähigkeit: Wörter einprägen

Q)   Merkfähigkeit: Begriffe merken

R)   Merkfähigkeit: Adressen merken

S)   Merkfähigkeit: Texte einprägen, anschließend Fragen beantworten

T)   Buchstabensalat

U)   Oberbegriffe finden

V)   Passende Begriffe finden

W)   Schnell Wörter finden

X)   Wörter miteinander verbinden

Y)   Merkfähigkeit

Z)   Sudoku

Bonus-Aufgaben

B1   Wortkombinationen

B2   Gegenteiliges finden

B3   Mathematische Knobelaufgaben

A)   Sprachliche Intelligenz: Welches Wort passt nicht?

In dieser Rubrik geht es darum herauszufinden, welches der jeweils vier Wörter inhaltlich <u>nicht</u> zu jeweils drei anderen Wörtern passt?

Beispiel: Apfel – Banane – Rosenkohl – Birne

Hier passt der Begriff „Rosenkohl" nicht. Begründung: Bei allen anderen Begriffen handelt es sich um Obst. „Rosenkohl" dagegen ist ein Gemüse.

1. Kanu – Omnibus – Ozeanriese – Tretboot
2. Hund – Katze – Elefant – Meerschweinchen
3. Köln – Frankfurt – Leipzig – Madrid
4. Pinsel – Füller – Bleistift – Kugelschreiber
5. Europa – Asien – Frankreich – Afrika
6. rot – blau – gelb – grün
7. Fußball – Handball – Wasserball - Schach
8. Erde – Sonne – Mars – Jupiter

Bearbeitungszeit: 2 Minuten

B)   Sprachliche Intelligenz: Gleiche Wortbedeutung?

In dieser Rubrik geht es darum herauszufinden, welches der jeweils vier angebotenen Wörter inhaltlich dem jeweils vorgegebenen Begriff am ehesten entspricht?

Beispiel: Angenommen, das vorgegebene Wort lautet „aufmerksam".

Zur Auswahl stehen folgende Begriffe:
großzügig – achtsam – konzentriert – beliebt

Lösung: Der Begriff „achtsam" stimmt am ehesten mit dem Begriff „aufmerksam" überein.

Begründung: Die drei anderen Wörter beschreiben zwar ebenfalls positiv besetzte Begriffe, jedoch ist die bedeutungsmäßige Übereinstimmung am intensivsten mit dem Begriff „achtsam".

9. langsam: aufmerksam – zielführend – bedächtig – leise
10. dumm: unbeholfen – unintelligent – wirr – schwach
11. stark: schnell – groß – kräftig – immens
12. faul: träge – strebsam – unbeholfen – verwirrt
13. mitfühlend: hilfsbereit – empathisch – traurig – anspornend
14. vertrackt: knifflig – heftig – umfassend – erfüllend
15. entspannt: einfach – relaxt – langsam – hochwertig
16. trainieren: arbeiten – erledigen – üben – nachmachen

Bearbeitungszeit: 3 Minuten

C) Sprachliche Intelligenz: Buchstabensalat

In dieser Rubrik geht es darum herauszufinden, wie aus einem vorgegebenen „Buchstabensalat" wieder das ursprüngliche Wort gebildet werden kann?

Beispiel: T P T S F O R S E

Lösung: Hier lautet das gesuchte Wort „SPORTFEST".

17. T U L F C L T I H
18. S T E O H A S R E
19. U F H S P N A O E
20. O L U P B S T R E E
21. N K L G E H E B A
22. D S H T C U E S N U L
23. G E J N U
24. N L H I R E E R
25. K M G A Y N I T S
26. D A H U S N C K E

Bearbeitungszeit: 20 Minuten

D)   Sprachliche Intelligenz: Buchstabengruppen

In dieser Rubrik geht es darum herauszufinden, welche Buchstabengruppe
<u>nicht</u> nach der gleichen Regel gestaltet ist, wie alle anderen?

Beispiel: Angenommen, es seien folgende Buchstabengruppen
                 vorgegeben:

a)   ABCDE
b)   BCDEF
c)   CDEFG
d)   ZYXWV

<u>Lösung:</u> Hier wäre die richtige Antwort, Gruppe (d) – ZYXWV – passt nicht
zu den anderen Buchstabengruppen. Begründung: Hier erfolgt die
Sortierung der Buchstaben in alphabetisch absteigender Reihenfolge,
wogegen alle anderen Buchstabengruppen alphabetisch aufsteigend sortiert
vorliegen.

Bearbeitungszeit: 8 Minuten

<u>Hinweis:</u> Für diese Aufgabe darfst du ausnahmsweise auch einen
Schreibblock verwenden, damit du dir als Bearbeitungshilfe das Alphabet
aufschreiben kannst.

27.   ACEG
         DGJM
         BDFH
         CGEI

28.   BDFG
         CDFG
         AEIO
         DFGH

29.   UVWX
      VWXY
      ABCD
      WXYZ

30.   ABCF
      DEFJ
      BCDG
      CDEH

E)   Sprachliche Intelligenz: Buchstabenreihen

In dieser Rubrik gilt es herauszufinden, nach welchem Prinzip die jeweiligen Buchstabenreihen konstruiert sind, um dann entscheiden zu können, wie die jeweilige Buchstabenreihe logisch fortgesetzt werden müsste?

Beispiel: Angenommen, es sei folgende Buchstabenreihenfolge gegeben: a – e – i – m – q - ?

Lösung: Hier lautet die korrekte Fortsetzung: „u".

Begründung: Zwischen allen Buchstaben in der vorgegebenen Reihenfolge fehlen jeweils – alphabetisch aufsteigend – die drei folgenden Buchstaben. Von daher muss nach dem letzten hier vorgegebenen Buchstaben „q" geprüft werden, welche die drei dann folgenden Buchstaben in alphabetisch aufsteigender Folge wären, die es zu überspringen gilt. Hier wären das demnach die Buchstaben r – s – t, sodass die Folge mit dem Buchstaben „u" anstelle des Fragezeichens fortgesetzt werden müsste.

<u>Hinweis:</u> Für diese Aufgabe darfst du ausnahmsweise auch einen Schreibblock verwenden, damit du dir als Bearbeitungshilfe das Alphabet aufschreiben kannst.

Bearbeitungszeit: 15 Minuten

31.   c – d – g – h - ?
32.   b – f – j – p - ?
33.   a – d – i – p - ?
34.   b – g – l – s - ?
35.   z – t – n – h - ?

In dieser Rubrik geht es darum herauszufinden, welche Analogien (wechselseitigen Verhältnisse) zwischen vorgegebenen Begriffspaaren existieren?

Beispiel: laut : leise   Lärm : ?
                 Bewegungslosigkeit – Stille – Geräusch – Flüstern

Lösung: Hier wäre es das Lösungswort „Stille", da es in einem analogen Verhältnis zum Begriff „Lärm" steht, wie der Begriff „leise" zum Begriff „laut".

Bearbeitungszeit: 2 Minuten

36. Sommer : Winter   Frühling : ?
    kalt – Herbst – Sonne – Ferien
37. Blumenkohl : Gemüse   Erdbeere : ?
    Garten – Kuchen – Obst – Wochenmarkt
38. Violine : Musiker   Pinsel : ?
    Zeichnung – Comic – Tapete – Maler
39. Buch : Autorin   Kartoffeln : ?
    Gastwirtin – Erzieherin – Landwirtin – Busfahrerin
40. Schaukel : Spielplatz   Bücher : ?
    Bücherei – Lesen – Seitenzahl – Papier
41. Berlin : Deutschland   Madrid : ?
    Italien – Frankreich – Polen – Spanien
42. Physik : Naturwissenschaft   Italienisch : ?
    Pizza – Mittelmeer – Dialekt – Sprache
43. Schach – Brettspiel   Mau mau: ?
    Kartenspiel – Spielkarten – Ferien – Würfeln

G)   Logisches Denken: Schlussfolgerungen

In dieser Rubrik geht es darum logisch korrekte Schlussfolgerungen aus einer vorgegebenen Anzahl von Teilaussagen ziehen zu können.

Beispiel: Wenn A kleiner ist als B, und C kleiner ist als B, C jedoch größer ist als A, wer ist dann am größten?
Lösung: Hier wäre B die korrekt Antwort.
Bearbeitungszeit: 14 Minuten

44. Welcher Turm ist der höchste? Turm A ist höher als Turm C, aber zugleich kleiner als Turm D. Turm D ist kleiner als Turm B.
45. Sonja hat weniger Geld im Portmonee als Karl, jedoch mehr als Tom. Sabine hat mehr gespart als Karl. Wer hat das meiste Geld im Portmonee?
46. Henriette hat im letzten Jahr mehr Pommes gegessen als Frank, aber weniger als Nele. Nele hat mehr Pommes gegessen als Frank, aber weniger als Sonja. Wer hat die meisten Pommes gegessen?
47. Film A dauert nur halb so lang wie Film D, aber zugleich länger als Film B. Film C ist kürzer als Film B. Welcher Film dauert am längsten?
48. Das Land C hat weniger Einwohner*innen als das Land A, aber mehr als das Land D. Das Land D hat mehr Einwohner*innen als das Land B. Welches Land hat die meisten Einwohner*innen?
49. Jost hat weniger Bücher als Jenny, aber mehr als Marina. Jenny hat weniger Bücher als Tom, aber mehr als Jost. Wer hat die meisten Bücher?
50. Das Smartphone C ist teurer als das Smartphone A, aber genauso teurer wie das Smartphone B. Das Smartphone D ist teurer als das Smartphone A, zugleich aber billiger als das Smartphone C. Welches ist das billigste Smartphone?

In dieser Rubrik geht es darum, dass du die in den Zahlenreihen versteckten Muster entdeckst, nach denen die jeweils nächste Zahl eindeutig gebildet wird.

Beispiel: $2 - 4 - 6 - 8 - 10 - 12 - ?$

Deine Aufgabe besteht nun darin herauszufinden, welche Zahl anstelle des Fragezeichens eingesetzt werden muss, damit das in dieser Zahlenreihe enthaltene Berechnungsmuster logisch konsequent fortgesetzt wird.

Lösung: Hier lautet das Berechnungsmuster: $+ 2$
                Demnach lautet die gesuchte Zahl hier: 14

51. $4 - 8 - 12 - 16 - 20 - ?$
52. $1 - 3 - 5 - 15 - 17 - ?$
53. $1 - 3 - 9 - 5 - 7 - 21 - ?$
54. $1024 - 512 - 256 - 128 - 64 - ?$
55. $1 - 3 - 12 - 36 - 144 - ?$
56. $1 - 10 - 20 - 19 - 28 - ?$
57. $1 - 6 - 36 - 216 - 1296 - ?$
58. $1 - 5 - 2 - 10 - 7 - ?$

Bearbeitungszeit: 16 Minuten

I)   Logisches Denken: Silbenrätsel

Aus den jeweils vorliegenden Silben sollen pro Aufgabe drei Wörter (Hauptwörter in der Einzahl) gebildet werden. Die Silben werden absichtlich nur mit Kleinbuchstaben vorgegeben, damit nicht zu leicht ersichtlich ist, welche Silbe jeweils den Beginn eines gesuchten Wortes bildet.

Beispiel: Angenommen, es seien folgende Silben vorgegeben:

fel – la – blei – au – stift – ta

Lösungswörter: Bleistift – Tafel – Aula

Bearbeitungszeit: 5 Minuten

59.   ran – brot – mer – zen – schul – sen – pau – leh – rer – zim

60.   beit – zei – schreib – klas – block – chen – heft – sen – ar – zei

61.   pe – turn – wand – fe – hal – map – der – ta

62.   tung – nis – no – zeug – be – sach de – kund

63.   sport – schwimm – nen – bad – fest – tur

J)   Logisches Denken: Wochentage

In dieser Rubrik geht es darum herauszufinden, welche Wochentage sich aus einer gegebenen Zeitbeschreibung logisch ableiten lassen?

Beispiel: Angenommen, die Aussage lautet:
Wenn heute Mittwoch ist, welcher Tag ist dann zwei
Tage nach Übermorgen?

Lösung: Hier lautet die korrekte Antwort: Sonntag.
Begründung: Wenn heute Mittwoch ist, dann wäre
übermorgen demnach Freitag. Zwei Tage nach Freitag ist
dann also Sonntag.

Bearbeitungszeit: 6 Minuten

64.   Vor zwei Tagen war Dienstag. Welcher Tag ist dann übermorgen?

65.   In zwei Tagen wird Freitag sein. Welcher Tag ist dann vier
Tag nach vorgestern?

66.   Vor fünf Tagen war zwei Tage nach Sonntag. Welcher Tag ist
dann morgen?

67.   Wenn vorgestern Mittwoch war, welcher Tag ist dann zwei Tage
nach übermorgen?

68.   Welcher Wochentag wird zwei Tage nach übermorgen sein,
wenn gestern Montag war?

K)   Logisches Denken: Unmögliches erkennen

In dieser Rubrik geht es darum Unmögliches zu erkennen.

Beispiel: Welche der folgenden Behauptungen ist richtig?

Es ist unmöglich, dass...

a)   ... ein Mensch 110 Jahre alt wird.
b)   ... ein Mensch ohne Sauerstoff länger als fünf Stunden überlebt.
c)   ... ein Mensch ohne Nahrung länger als sieben Tage überlebt.
d)   ... ein Mensch nur vier Finger an seiner linken Hand hat.
e)   ... ein Mensch ohne Blinddarm überlebt.

Lösung: Hier wäre die korrekte Antwort unter dem Buchstaben **b**
                 zu finden. Begründung: Ja, es stimmt, dass ein Mensch ohne
                 Sauerstoff nicht länger als fünf Stunden überleben kann.

Bearbeitungszeit: 4 Minuten

69.   Es ist unmöglich, dass eine Schülerin der 4. Grundschulklasse ...

a)   ... besser Tennis spielt als ein 16-jähriger Gymnasiast.
b)   ... alle Harry-Potter-Bücher gelesen hat.
c)   ... die 4. Grundschulklasse wiederholt.
d)   ... seit zwei Jahren als Bundeskanzlerin im Amt ist.
e)   ... in allen Fächern die Zeugnisnote „sehr gut" bekommt.

70.   Es ist unmöglich, dass ein Erwachsener ...

a)   ... kleiner ist als ein 9-jähriges Kind
b)   ... weniger wiegt als ein 12-jähriger Junge
c)   ... dümmer ist als eine 10-jährige Schülerin
d)   ... einen Schülerpass für Grundschüler erhält
e)   ... keinen Schulabschluss hat

71.   Es ist unmöglich, dass die kleinste dreistellige Zahl ...

a)   ... mit 2 multipliziert werden kann.
b)   ... ohne Rest durch fünf dividiert werden kann.
c)   ... versechsfacht werden kann.
d)   ... größer ist als das Ergebnis der Berechnung 1000 / 5
e)   ... mehr als vier Mal verdoppelt werden kann.

72.   Es ist unmöglich, dass ein Braunbär ...

a)   ... Kakao trinkt.
b)   ... Schachspielen kann.
c)   ... einen Leoparden besiegen kann.
d)   ... schneller läuft als ein Elefant.
e)   ... auf einen Baum klettern kann.

73.   Es ist unmöglich, dass...

a)   ... eine 11-jährige Grundschülerin Weltmeisterin im Seilspringen ist.
b)   ... dass es Wasser auf dem Mars gibt.
c)   ... es Politiker gibt, die Legastheniker sind.
d)   ... es Filme gibt, die länger als zwei Stunden dauern.
e)   ... eine 4. Grundschulklasse dreimal wiederholt wird.

L)   Logisches Denken: Meinung oder Tatsache?

In dieser Rubrik gilt es herauszufinden, ob es sich bei einer Aussage um eine Meinung oder um eine Tatsache handelt?

Beispiel: Angenommen, es seien folgende Aussagen gegeben:

a)   Blau ist eine sehr schöne Farbe.
b)   Ein Tag auf der Erde besteht derzeit aus ca. 24 Stunden.

Lösung: a)   Meinung – nicht objektiv begründbar
                      b)   Tatsache – objektiv belegbar gemäß Vereinbarung

Bearbeitungszeit: 2 Minuten

74.   Der Jupiter ist größer als die Erde.
75.   Schneewittchen ist der Name einer Kinderbuchfigur.
76.   Limonade schmeckt köstlich.
77.   Mädchen erzielen mehrheitlich bessere Noten als Jungen.
78.   Auf der Sonne gibt es keine Eisdielen.
79.   Nougat schmeckt besser als Rosenkohl.
80.   Nürnberg ist die schönste Stadt in Franken.
81.   Jungen besitzen durchschnittlich ein besseres
          Orientierungsvermögen als Mädchen.
82.   Mädchen sind durchschnittlich weniger schwer als Jungen.
83.   Joggen bereitet mehr Freude als Wandern.

M)   Mathematische Fähigkeiten: Kopfrechnen

In dieser Rubrik werden deine Fähigkeiten im Kopfrechnen getestet. Zur
Bearbeitung dieser Aufgaben sind keinerlei zusätzliche Hilfsmittel (Papier,
Bleistift, Taschenrechner usw.) erlaubt. Einzig deinen Kopf darfst du zur
Lösung der folgenden Aufgaben verwenden.

Bearbeitungszeit: 12 Minuten

84. $24 + 16 + 42 = ?$
85. $221 - 58 + 13 = ?$
86. $12 * 5 * 3 = ?$
87. $1024 / 256 = ?$
88. $(9 * 5 + 2) - 7 = ?$
89. $(222 + 36 * 3) * 2 = ?$
90. $677 - 331 + 33 = ?$
91. $(32 + 30 * 2) - (64 / 8) = ?$
92. $4 + 44 + 444 + 4444 = ?$
93. $600 - (7 * 7) - 24 = ?$

In dieser Rubrik geht es darum herauszufinden, welche Rechenzeichen (+ - * /) jeweils anstelle der Fragezeichen (?) in eine Aufgabe eingesetzt werden müssen, sodass das vorgegebene Ergebnis korrekt ist.

Legende: ?   Ist der Platzhalter für das erste Operationszeichen
              ??   Ist der Platzhalter für das zweite Operationszeichen
              ???   Ist der Platzhalter für das dritte Operationszeichen
              ????   Ist der Platzhalter für das vierte Operationszeichen

Beispiel: 49 ? 35 = 84

Lösung: Hier müsste das Additionszeichen (+) anstelle des Fragezeichens eingesetzt werden, sodass die vorgegebene Lösung stimmt.

Bearbeitungszeit: 15 Minuten

94.   8 ? 4 = 32
95.   64 ? 8 = 8
96.   5 ? 3 ?? 6 = 21
97.   (27 ? 3 ?? 6) ??? 11 = 20
98.   23 ? 11 ?? 153 ??? 900 = 1000
99.   (4 ? 3 ?? 88) ??? 20 = 5
100.   11 ? 22 ?? 33 ??? 60 ???? 3 = 2
101.   (30 ? 3 ?? 10) ??? (20 ???? 30) = 2
102.   1 ? 2 ?? 3 ??? 4 ???? 5 = 120

O)   Beobachtungsgabe: Welches Zeichen ist anders in einer Reihe?

In dieser Rubrik wird deine Beobachtungsgabe überprüft. Dabei gilt es möglichst schnell zu erkennen, welches Zeichen in einer vorgegebenen Reihe von der Originalreihe abweicht?

Beispiel: Angenommen, folgende Originalreihe sei vorgegeben:

DSFLÖKÖLFKÖLWEIROPIEWPORIPOEIPOKFÖLDKFÖLKDÖLWPUI

Hier nun die zu überprüfende Reihe:

DSFLÖKÖLFKÖLWEIROPIEWPORIPOEIPOKFÖLDKEÖLKDÖLWPUI

Lösung: Hier wurde der Buchstabe „F" durch ein „E" ausgetauscht.

DSFLÖKÖLFKÖLWEIROPIEWPORIPOEIPOKFÖLDK**E**ÖLKDÖLWPUI

Bearbeitungszeit: 2 Minuten

103.   HJKLRWRUIOUTOIERTIOETCFDGLKLÖFDGKDFGLÖKFDLD
       HJKLRWRUIOUTOIERTIOEFCFDGLKLÖFDGKDFGLÖKFDLD

104.   XCVBNMSDHJFKWERIOFKGLÖERTPÜQWZEUIDFSNMDFHJ
       XCVBNMSDHJFKWERIOFKGLÖERTPÜQWZEOIDFSNMDFHJ

105.   QWERZTASGDHJDSNMFDGKLÖLÜIOERTLKJDFSLKJSDFDF
       QWERZTASGDHJDSNMFDGKLÖLÜIOERTLKIDFSLKJSDFDF

106.   MNBXSDFJKLPOIWERÖLKÖLKÖLKSDFIOPEWRASDGHJDH
       MNBXSDFJKLPOIWERÖLKÖLKÖLNSDFIOPEWRASDGHJDH

107. UZTWEROIUERTLKJFDGKJHSDFJHGASDOIUERIEROWEIR
UZTWEROIUERTLKJFDGKJHSDFJHGASDOIVERIEROWEIR

108. MNBGREKJHTOIUWERZUISDFLKJTRPOSDHJKDFUIOERI
MNBGREKJHTOIUWESZUISDFLKJTRPOSDHJKDFUIOERI

109. ÖLKJSDFPOIEWRKJHSNBVYXCJHGSDFZUIEWRZUIEREU
ÖLKJSDFPOIEWRKJHSNBVYXCJHGSDFZUIEWRZUIERFU

110. ÜPOIERTLKJHSDFHJKWERZUIQEZUIQWETZUERTZWERZ
ÜPOIERTLKJHSOFHJKWERZUIQEZUIQWETZUERTZWERZ

111. JHGFSDMNBVYXCGHJWERZUIERTOIUGDLFKJFSDFHJKJB
JHGFSDMNBVYXCGHJWERZUJERTOIUGDLFKJFSDFHJKJB

P)   Merkfähigkeit: Wörter / Zahlen einprägen

In der folgenden Rubrik geht es darum, dass du dir möglichst schnell viele vorgegebene Begriffe einprägst, zu denen dann anschließend einige Fragen gestellt werden.

Beispiel: Angenommen, es sei folgende Tabelle mit Begriffen vorgegeben:

Lebensmittel	*Automarke*	*Unterrichtsfach*	*Mädchenname*
Brötchen	**RENAULT**	**Chemie**	**Sabrina**
Salat	**JAGUAR**	**Französisch**	**Thea**
Butter	**TESLA**	**Geschichte**	**Sarah**
Konfitüre	**BMW**	**Sport**	**Tülay**

Frage: In welcher Rubrik beginnt ein Begriff mit dem Buchstaben „C"?

Lösung: In der Rubrik „**Unterrichtsfach**" beginnt der Begriff „**Chemie**" mit dem Buchstaben „C".

112.

Tier	*Land*	*Farbe*	*Fluss*
Tiger	**Island**	**türkis**	**Main**
Möwe	**Peru**	**rosa**	**Wupper**
Fuchs	**Schweiz**	**lila**	**Neckar**
Krokodil	**Österreich**	**orange**	**Düssel**

Bitte erst nach der Einprägezeit (2 Minuten) umblättern.

112 a) Welches Tier beginnt mit dem Buchstaben „F"?

112 b) Welches Land endet mit dem Buchstaben „d"?

112 c) Welche Farbe enthält drei Vokale?

112 d) Welcher Fluss endet mit dem Buchstaben „l"?

Bearbeitungszeit: 2 Minuten

Lösung:

Tier: Fuchs
Land: Island
Farbe: orange
Fluss: Düssel

113.

Mädchenname	Jungenname	Adjektiv	Planet	Fernsehsender
Heike	Tim	schön	Erde	ZDF
Sandra	John	leise	Jupiter	ARD
Tülay	Max	groß	Saturn	ARTE
Iris	Kevin	sauber	Mars	RTL
Angela	Thomas	hell	Merkur	3SAT
Marie	Marc	amüsant	Venus	VOX
Barbara	Ben	leicht	Uranus	WELT

Einprägezeit: 3 Minuten. Bitte erst umblättern, nachdem die Einprägezeit vorbei ist.

113 a) Wie heißt der Mädchenname mit dem Anfangsbuchstaben „B“?

113 b) Welcher Jungenname endet mit dem Buchstaben „s“?

113 c) Welches Adjektiv beginnt mit dem Buchstaben „g“?

113 d) Welcher Planet beginnt mit einem Vokal und und endet zugleich mit einem Konsonanten?

113 e) Welcher Fernsehsender beginnt mit einem Vokal und endet zugleich mit einem Vokal?

113 f) Bei welchem Mädchennamen sind der Anfangsbuchstabe und der letzte Buchstabe gleich?

Bearbeitungszeit: 3 Minuten

114.

Zunächst folgende Erläuterungen zum besseren Verständnis:

Natürliche Zahlen: Das sind alle Zahlen, die größer als 0 sind, und die keine Nachkommastellen haben, wie z. B.: 1 – 2 – 3 – 4 – usw.

Primzahlen: Das sind alle Zahlen, die nur durch sich selbst und durch 1 ohne Rest geteilt werden können: 2 – 3 – 5 – 7 – 11 – 13 – 17 usw.

Quadratzahlen: Das sind alle Zahlen, die mit sich selbst multipliziert werden, wie z. B.: 1 x 1 = **1**; 2 x 2 = **4**; 3 x 3 = **9**; 4 x 4 = **16** usw.

Natürliche Zahlen	Primzahlen	Quadratzahlen
34	5	36
17	19	100
55	7	4
24	17	9
76	2	49
90	13	1
50	23	64
49	3	16
63	29	81
22	11	25

Einprägezeit: 12 Minuten. Bitte erst umblättern, nachdem die Einprägezeit vorbei ist.

114 a) Welche Quadratzahl beginnt mit der Ziffer 8?

114 b) Welche der genannten Quadratzahlen taucht nicht in der Tabelle auf?
25 – 36 – 144

114 c) Wie lauten die beiden „Zahlen" in der Rubrik der
Natürlichen Zahlen, die mit der Ziffer 4 enden?

114 d) Wie lautet die zweistellige Quadratzahl, die mit der Ziffer 4 beginnt?

114 e) Welche Primzahl steht in der achten Zeile (ohne
Überschriftszeile)?

114 f) Wie lautet die Natürliche Zahl, die mit der Ziffer 9 beginnt?

114 g) Welche Quadratzahl steht in der sechsten Zeile (ohne
Überschriftszeile)?

114 h) Welche der genannten Primzahlen hat die Quersumme 11?

Erläuterung zum Begriff „*Quersumme*":

Die Quersumme einer Zahl kannst du ermitteln, indem du alle Ziffern einer
mehrstelligen Zahl addierst.

Beispiel: Angenommen, die Zahl lautet 725.

Dann ergibt sich hier die Quersumme: $7 + 2 + 5 = 14$.

Bearbeitungszeit: 5 Minuten

Q)   Merkfähigkeit: Begriffe merken

Auch in der folgenden Rubrik geht es darum, dass du dir möglichst viele Begriffe in möglichst kurzer Zeit einprägst. Anschließend werden dann Fragen zu den zuvor eingeprägten Begriffen bzw. zu deren Positionen innerhalb der jeweiligen Tabelle gestellt.

Beispiel:

Pappel	Schumann	Quark	Tanne
Kunst	Chemie	Buche	Informatik
Beethoven	Erdbeeren	Philosophie	Schubert
Spanisch	Erle	Dinkelbrot	Trauerweide
Marmelade	Chopin	Mahler	Gemüse

Einprägezeit: 3 Minuten

Nachdem du dann die obige Tabelle abgedeckt hast, sollten folgende Fragen beantwortet werden:

- In welcher Spalte befindet sich das Schulfach mit dem Anfangsbuchstaben „C"?
- In welchen Spalten befinden sich zwei Namen von berühmten Komponisten, deren Anfangsbuchstaben ein „S" sind?
- Welches Lebensmittel wird in der vierten Spalte genannt?
- In der wievielten Zeile befindet sich das Schulfach mit dem Anfangsbuchstaben „P"?

Lösungen:

- Das Schulfach Chemie befindet sich in der zweiten Spalte.
- Die Komponisten Schumann und Schubert befinden sich in den Spalten zwei und vier.
- Das Lebensmittel in der vierten Spalte ist Gemüse.
- Das Schulfach mit dem Anfangsbuchstaben „P" (Philosophie) befindet sich in der dritten Zeile.

115.

Rotkäppchen	Auge	Patricia	Fahrrad	Iris
Afrika	Flugzeug	Nelke	blau	ICE
gelb	Ole	Rapunzel	Australien	Herz
Fuß	grün	Hand	Nase	Jenny
Rose	Europa	Rot	Boot	schwarz
Benny	Rumpelstilzchen	Simone	Nordamerika	Noah
Bus	Südamerika	Tretroller	Tulpe	Froschkönig
grau	Mund	Asien	Magen	Arktis

Einprägezeit: 12 Minuten

Bitte erst umblättern, nachdem die Einprägezeit abgelaufen ist.

115 a) In der wievielten Zeile befindet sich der Name „Noah“?
115 b) Welche Märchenfigur wird in der zweiten Spalte genannt?
115 c) In welcher Zeile wird der Kontinent „Afrika“ genannt?
115 d) Welche Farbe wird in der zweiten Spalte genannt?
115 e) Wie heißt das Verkehrsmittel in der fünften Spalte?
115 f) Welches Wort in der vierten Spalte beginnt mit „B“?
115 g) Welche Kontinent wird in der fünften Zeile genannt?
115 h) Welches Wort der zweiten Spalte beginnt mit „M“?
115 i) Welche Blume wird in der ersten Spalte genannt?
115 j) Welches Körperteil wird in der ersten Zeile genannt?

Bearbeitungszeit: 4 Minuten

R)   Merkfähigkeit: Adressen merken

In dieser Rubrik geht es darum, dass du dir zunächst folgende Adressen (komplett) einprägst. Anschließend werden verschiedene Fragen zu bestimmten Details gestellt, die du dann aus deinem Gedächtnis beantworten sollst.

Bitte beachte, dass du erst auf die nächste Seite umblätterst nachdem die Einprägezeit von insgesamt 15 Minuten vollständig abgelaufen ist.

116.

Hannah Schäfer, 12 Jahre **Hobby: Reiten** **Mendelstraße 5** **40200 Düsseldorf**	**Leon Zack, 10 Jahre** **Hobby: Judo** **Prinzengasse 12** **80340 München**
Sophia Schulz, 8 Jahre **Hobby: Reiten** **Karlstraße 55** **10540 Berlin**	**Luis Krall, 8 Jahre** **Hobby: Schwimmen** **Siebelstraße 71** **40230 Düsseldorf**
Clara Ecker, 10 Jahre **Hobby: Malen** **Zollhausstraße 26** **50280 Köln**	**Noah Weidmann, 9 Jahre** **Hobby: Schach** **Goethestraße 77** **60450 Frankfurt**
Leni Sammer, 11 Jahre **Hobby: Lesen** **Glemer Weg 10** **70200 Stuttgart**	**Luca Fischer, 11 Jahre** **Hobby: Modellbauen** **Zapfstraße 43** **30560 Hannover**
Frieda Müller, 9 Jahre **Hobby: Kochen** **Florastraße 92** **51080 Köln**	**Henry Schwarz, 12 Jahre** **Hobby: Gärtnern** **Waldstraße 5** **10520 Berlin**

116 a) Welche Person wohnt in der Karlstraße 55?
116 b) Wie alt ist Henry Schwarz?
116 c) Welches Hobby hat Noah Weidmann?
116 d) In welcher Straße (inkl. Hausnummer) wohnt Leon Zack?
116 e) Wer wohnt in 40200 Düsseldorf?
116 f) In welcher Stadt (inkl. PLZ) wohnt Frieda Müller?
116 g) Welche Schülerin ist 11 Jahre alt?
116 h) Wie lautet der Name des Schülers, der in Hannover wohnt?
116 i) Wer wohnt in der Zollhausstraße 26?
116 j) In welcher Straße (inkl. Hausnummer) wohnt Luis Krall?

Bearbeitungszeit: 5 Minuten

S) Merkfähigkeit: Texte einprägen, anschließend Fragen beantworten

In der folgenden Rubrik geht es darum, dass du dir zunächst einen vorgegebenen Text innerhalb einer vorgegebenen Zeit (4 Minuten) einprägst. Anschließend blätterst du bitte um zu den Fragen, die du dann detailliert beantworten solltest.

117. Sportfest an der Humboldt-Realschule im Sommer 2024

Bei dem diesjährigen Sportfest an der Humboldt-Realschule in Berlin nahmen insgesamt 324 Kinder teil. Davon waren 168 Mädchen, und 156 Jungen. Wettkämpfe gab es in den Disziplinen: 100-Meter-Lauf, Weitsprung, Hochsprung sowie Kugelstoßen. Siegerin der Disziplin des 100-Meter-Laufs der Mädchen wurde die 11-jährige Tabea Simon aus der 5. Klasse. Den besten Wert im Weitsprung erreichte bei den Jungen der 12-jährige Erik Schuster mit 4,65 m. Siegerin im Hochsprung wurde die 10-jährige Jessica Palme aus der 4. Klasse mit gemessenen 1,42 m. Die größte Weite beim Kugelstoßen erzielte der 11-jährige Sascha Molden mit erstaunlichen 6,22 m. Insgesamt gab es am Ende 142 Siegerurkunden sowie 22 Ehrenurkunden. Die sportlich erfolgreichste Klasse war die 5. Jahrgangsstufe, die von der Klassenlehrerin, Frau Sonnenschein, geleitet wird. Im Anschluss an das Sportfest wurden die Eltern und Geschwister aller teilnehmenden Schüler*innen zu einem großen Buffet eingeladen. Dabei wurden insgesamt 180 Liter Sprudel, 65 Liter Limonade sowie 45 Liter Apfelsaft getrunken. Der Reinerlös in Höhe von insgesamt 386 € der von den Eltern gespendeten Getränke wurde anschließend an das Kinderhilfswerk, „Treue Seele" in Süddeutschland gespendet. Eine besondere Ehrung wurde den beiden Organisator*innen zuteil, die zuvor viel Arbeit und Zeit in die Ausrichtung investiert hatten. Dabei handelte es sich um die Sportlehrerinnen, Frau Wiebach und Frau Sandig. Alle teilnehmenden Sportlerinnen hatten zuvor Geld eingesammelt, um einen schönen Pokal der Dankbarkeit im Wert von 125 € für die beiden Organisatorinnen zu kaufen, den sie ihnen zum Abschluss überreichten.

117 a) Wie viele Kinder nahmen insgesamt am Sportfest teil?

117 b) Welche Disziplinen gab es?

117 c) Wer erzielte den besten Wert in der Disziplin Weitsprung?

117 d) Wie lautet der Name der 10-jährigen Siegerin im Hochsprung?

117 e) Welche Weite erzielte der Sieger im Kugelstoßen?

117 f) Wie viele Ehrenurkunden wurden verteilt?

117 g) Wie heißt die Klassenlehrerin der sportlich erfolgreichsten Klasse?

117 h) Wie viele Liter Limonade wurden getrunken?

117 i) Wie hoch war der Reinerlös, der erzielt wurde?

117 j) Wie heißt das Kinderhilfswerk in Süddeutschland?

117 k) Wie heißen die beiden Organisatorinnen des Sportfestes?

117 l) Wie teuer war der Pokal, den die Kinder für die beiden
        Organisatorinnen gekauft hatten?

Bearbeitungszeit: 8 Minuten

118) In der folgenden Tabelle sind insgesamt 4 Brettspiele und 4 Ballsportarten versteckt. Die Wörter können entweder von rechts nach links, oder von oben nach unten, oder diagonal (d. h. von links oben nach rechts unten) angeordnet sein.

Bearbeitungszeit: 5 Minuten

V	M	T	W	R	U	I	P	Ü	Ä	N	M	C	X	Y
Z	Ö	L	T	A	B	A	S	K	E	T	B	A	L	L
Q	R	E	Z	O	S	V	N	B	V	Y	U	Z	V	U
R	H	B	W	M	Z	S	O	U	B	M	N	S	O	E
E	O	A	P	N	Ü	V	E	C	X	E	T	C	L	U
W	P	I	N	L	T	H	C	R	X	E	U	H	L	N
Z	T	O	I	D	M	N	L	V	B	E	C	A	E	K
K	L	I	N	H	B	U	H	E	B	A	F	C	Y	F
F	T	U	M	K	L	A	Z	I	O	L	L	H	B	B
O	K	L	Z	R	E	I	L	B	H	C	V	L	A	W
K	J	H	G	F	R	T	E	L	A	P	I	O	L	D
F	D	A	M	E	M	J	H	I	L	K	O	S	L	Z
C	V	B	N	M	H	Z	I	U	M	O	T	R	F	S
P	O	T	G	B	J	H	K	N	A	W	T	R	Ö	L
E	G	U	M	K	J	T	G	B	I	P	L	K	N	M

119) In der folgenden Tabelle sind insgesamt 4 Baumarten und 4 Schulfächer versteckt. Die Wörter können entweder von rechts nach links, oder von oben nach unten, oder diagonal (d. h. von links oben nach rechts unten) angeordnet sein.

Bearbeitungszeit: 5 Minuten

W	Z	H	N	J	S	P	O	R	T	C	T	H	L	K
W	P	B	G	T	H	J	M	W	V	K	O	P	Ü	X
W	B	A	T	G	B	H	A	E	U	O	L	B	C	G
C	Q	B	P	C	T	U	T	X	G	Ö	Ä	I	E	E
B	E	B	U	P	T	B	H	E	K	L	P	R	V	S
Y	U	V	Z	K	E	R	E	B	M	W	O	K	Z	C
V	I	C	F	T	Z	L	M	N	M	K	E	E	B	H
D	F	G	H	E	T	U	A	N	K	O	W	E	L	I
C	B	H	T	E	E	W	T	N	S	K	L	S	B	C
E	M	K	P	Ö	W	Ü	I	V	B	H	U	T	Z	H
X	T	N	J	I	O	R	K	E	I	C	H	E	V	T
E	T	U	O	Ü	Ö	J	G	R	N	M	Q	W	C	E
V	D	E	U	T	S	C	H	E	T	N	K	U	I	O
A	D	G	J	L	Ä	Ü	O	U	T	E	Q	R	B	N
B	H	U	O	K	N	W	D	V	P	Ä	E	S	D	M

U)   Oberbegriffe finden

In der folgenden Rubrik geht es darum herauszufinden, welche Begriffe in
der linken Spalte jeweils passende Oberbegriffe zu den in der rechten Spalte
genannten Wörtern sind?

Beispiel:

Wassersport	Barbara
Wetterphänomen	Zugspitze
Vorname	Segeln
Fluss	Wirbelsturm
Berg	Rhein

Hier wäre die korrekte Zuordnung wie folgt:

Wassersport	===>	Segeln
Wetterphänomen	===>	Wirbelsturm
Vorname	===>	Barbara
Fluss	===>	Rhein
Berg	===>	Zugspitze

120.

Farbe	**Katze**
Musikinstrument	**Alpen**
Unterrichtsfach	**Melone**
Sportart	**Bruder**
Gebirge	**S-Bahn**
Märchen	**Mathematik**
Familienmitglied	**Division**
Nahrungsmittel	**Tigerenten Club**
Obst	**Hammer**
Kindersendung im TV	**blau**
Haustier	**Füller**
Verkehrsmittel	**Hänsel und Gretel**
Werkzeug	**Kakao**
Rechenart	**Gitarre**
Schreibgerät	**Kartoffeln**
Getränk	**Handball**

Bearbeitungszeit: 4 Minuten

Süßigkeit	Chemie
Fluss	Buche
Kleidungsstück	Holz
Begriff aus der Musik	Elbe
Himmelskörper	Leopard
Möbelstück	Orthopädin
Blume	Australien
Baumart	Dur
Fernsehsender	Enid Blyton
Glücksspiel	Marzipan
Naturwissenschaft	Amsel
Flugzeugtyp	Tulpe
Fachärztin	Schnee
Klebstoff	Hose
Schönes Gefühl	ARD
Kontinent	Saturn
Baustoff	Boeing 737
Vogel	Samstagslotto
Raubtier	Couch
Wetterphänomen	UHU
Kinderbuchautorin	Zuneigung

Bearbeitungszeit: 4 Minuten

V)   Passende Begriffe finden

In der folgenden Rubrik geht es darum, dass du zu einem vorgegebenen Oberbegriff aus einer Liste exakt nur solche Wörter herausfindest, die zu dem vorgegebenen Oberbegriff passen.

Beispiel:

Angenommen, der Oberbegriff lautet „Schule". Gegeben sei folgende Liste:

Schulhof – Lehrerin – Kino – Schulranzen – Federmäppchen – Schwimmbad – Sommerferien – Mitschülerin – Noten – Zeugnis – Fahrradsattel – Pausengong – Klassenarbeit – Erdbeereis – Schokolade – Lehrerpult – Lehrerzimmer – Nachhilfeunterricht – Reitsport - Aula

Hier lauten die korrekten Wörter, die allesamt dem Oberbegriff „Schule" zugeordnet werden können:

Schulhof, Lehrerin, Schulranzen, Federmäppchen, Sommerferien, Mitschülerin, Noten, Zeugnis, Pausengong, Klassenarbeit, Lehrerpult, Lehrerzimmer, Nachhilfeunterricht, Aula

122. Der vorgegebene Begriff lautet „Adjektive" (Wie-Wörter):

Gegeben ist folgende Liste:

schön – dick – laufen – eng – lesen – tanzen – spielen – fest – flüssig – raten – heiß – schlau – essen – trinken – wunderbar – hoch – liebevoll – fahren – rennen – gemein – hilfsbereit – hässlich – kalt – niesen – lernen – bequem – faul – sprechen – leise – kauen – windstill – scharf – schneiden – kämmen – ungeduldig – gelassen – schlafen – ausruhen – sorgfältig – übersichtlich – rätseln – ausdauernd – glücklich – hell – wandern – trainieren – bewegen

Bearbeitungszeit: 2 Minuten

123.

Es sollen alle Zahlen herausgefunden werden, die ohne Rest durch 4 teilbar
sind.

Gegeben ist folgende Liste:

5 – 8 – 11 – 17 – 21 – 29 – 32 – 41 – 46 – 51 – 56 – 61 – 62 – 71 – 81 – 84
– 90 – 93 – 99 – 100 – 111 – 119 – 122 – 138 – 140 – 150 – 158 – 191 – 197
– 217 – 220 – 253 – 269 – 315 – 389 – 398 – 400 – 511 – 577 – 613 – 999 –
2200 – 2389 – 2577 – 3111 – 4100 – 4679 – 4877 – 4919 – 4997 – 4999

Bearbeitungszeit: 3 Minuten

W) **Schnell Wörter finden**

In dieser Rubrik geht es darum zu vorgegebenen Ausgangsbedingungen möglichst viele Wörter aufzuschreiben.

Beispiel: Angenommen, die Ausgangsbedingung lautet: Schreibe möglichst viele Wörter auf, die mit dem Anfangsbuchstaben B beginnen.

Dann könnte deine Liste z. B. wie folgt aussehen:

Baum – Bus – Bär – Brot – Buche – Bild – Bochum – Boot usw.

<u>Hinweis:</u> Zur Bearbeitung dieser Aufgabe darfst du einen Schreibblock verwenden.

124.   a)   Schreib' nun binnen einer Minute möglichst viele Wörter auf, die mit dem Buchstaben „**F**" beginnen.

      b)   Schreib' bitte binnen einer Minute möglichst viele Wörter auf, deren zweiter Buchstabe ein „**i** ist.

      c)   Schreib' nun binnen einer Minute möglichst viele Adjektive auf, deren Anfangsbuchstabe ein „**t**" ist.

X) **Wörter miteinander verbinden**

In dieser Rubrik geht es darum, dass du Wörter miteinander verbindest. Gesucht wird jeweils ein Hauptwort, das sowohl an ein vorgegebenes Hauptwort angehängt werden kann, sodass sich ein neues, sinnvolles Hauptwort ergibt, und zugleich einem anderen Hauptwort vorangestellt werden kann, sodass sich auch dort wieder ein sinnvolles Hauptwort ergibt.

Beispiel: Angenommen, es sind folgende Hauptwörter vorgegeben:

COMPUTER _ _ _ _ _ PLATZ

Nun wird ein passendes Hauptwort gesucht, das exakt in die vorgegebene Lücke   passt   (hier: bestehend   aus   fünf   Buchstaben).

Das Hauptwort, das nun in diese Lücke gesetzt werden kann, soll sowohl als Ergänzung des ersten Hauptwortes (hier: COMPUTER), als auch als vorangestelltes Hauptwort des Hauptwortes (hier: PLATZ) dienen, sodass sich in beiden Fällen ein sinnvolles, zusammengesetztes Hauptwort ergibt.

In diesem Beispiel könnte beispielsweise das einzufügende Hauptwort lauten: SPIEL.

Daraus ließen sich die sinnvollen Hauptwörter COMPUTERSPIEL sowie SPIELPLATZ konstruieren.

Es gibt mitunter nicht nur eine richtige Lösung; Hauptsache, Du findest Hauptwörter, die dann nach der Zusammensetzung auch wieder sinnvolle Hauptwörter ergeben.

So wäre hier in diesem Beispiel das Hauptwort VIRUS keine gültige Lösung, weil es nur in Kombination mit dem Begriff COMPUTER ein neues, sinnvolles Hauptwort (hier: COMPUTERVIRUS) ergibt.

125.

a)   HIMMEL _ _ _ _ WAL

b)   WASSER _ _ _ _ SPIEL

c)   LEHRER _ _ _ _ _ _ PFLANZE

d)   HAUS _ _ _ _ WOHL

e)   APFEL _ _ _ _ PRESSE

f)   KINDER _ _ _ _ _ _ ZAUN

g)   UHR _ _ _ _ STOFF

h)   BAUM _ _ _ _ _ BAUM

i)   SCHRANK _ _ _ _ MALEREI

j)   MILCH _ _ _ STALL

Y)   Merkfähigkeit

In der folgenden Rubrik wird deine Merkfähigkeit getestet. Zunächst solltest du dir möglichst viele Informationen binnen drei Minuten einprägen.

Anschließend deckst du hier die Aufgabe 126 ab, und beantwortest dann alle weiter unten gestellten Fragen.

126.   Adjektive   : schön – gut – schnell – groß – dick – schlau

     Verben: : gehen – hüpfen – lesen – raten – spielen

     Nomen   : Baum – Bus – Mensch – Pflanze – Schule

     Städte   : Köln – Hamburg – Berlin – Dresden – Bonn

     Flüsse   : Rhein – Elbe – Weser – Donau – Wupper

     Zahlen   : 2 – 3 – 6 – 11 – 12 – 16 – 19 – 38 – 40 – 45

     Namen   : Sahra – Noah – Hermine – Ole – Sandra

Bearbeitungszeit für alle folgenden Teilaufgaben: 3 Minuten

a)   Welche Adjektive beginnen mit dem Buchstaben „g"?
b)   Welches Verb beginnt mit dem Buchstaben „l"?
c)   Wie viele Nomen enthalten den Buchstaben „m"?
d)   Welcher Städtename hat an der zweiten Stelle einen Umlaut?
e)   Welche Flüsse enden mit dem Buchstaben „r"?
f)   Wie viele gerade Zahlen kommen in der Zahlenreihe vor?
g)   Welcher Name endet mit einem Konsonanten?
h)   Welches Verb enthält genau sieben Buchstaben?
i)   Welcher Städtename enthält genau einen Vokal?
j)   Welche beiden Namen enthalten nicht den Buchstaben „n"?

Z)   **Sudoku**

In dieser Rubrik soll ein Sudoku möglichst schnell gelöst werden.

Zielvorgabe: Sinn und Zweck des folgenden Sudokus ist es, dass in jeder Zeile sowie in jeder Spalte, und zudem in jedem einzelnen 3 x 3 Quadrat jede der Ziffern von 1 bis 9 exakt einmal vorkommt. In keiner Zeile, keiner Spalte und keinem 3 x 3 Quadrat dürfen einzelne Ziffern mehrfach vorkommen; und es darf zudem keine Ziffer fehlen.

Bearbeitungszeit: 15 Minuten

127.

	9	2	6		7	4		5
5		8			4	2		
	3		9		5		7	8
	1	9		4	3	5		
7	2		5	6			1	3
		3	2	1		9	4	
	8	1			6	7		4
9		7	4	5			8	2
3		5	8	7	2			1

B1   Wortkombinationen

Die folgenden Wortkombinationen stehen in einer ganz bestimmten Beziehung zueinander. Deine Aufgabe ist es, herauszufinden, welches der jeweils angebotenen Wörter auf der rechten Seite der „Gleichung" anstelle des Fragezeichens eingesetzt werden muss, sodass die auf der rechten Seite beschriebene Beziehung die gleiche ist, wie die Beziehung auf der linken Seite.

Beispiel: Angenommen, es ist folgende Wortkombination vorgegeben:

Auto : Straße = Flugzeug : ?

    a)   Wasser
    b)   Autobahn
    c)   Luft
    d)   Feldweg
    e)   Schiene

Hier wäre die korrekte Lösung unter dem Buchstaben **c** (Luft) zu finden.

Begründung: Ein Auto fährt üblicherweise auf einer Straße. Demnach benötigt ein Flugzeug üblicherweise die Luft zum Fliegen.

B1-1:   Beruf : Lehrerin = Schulfach : ?

    a)   Tafel
    b)   Lehrerzimmer
    c)   Deutsch
    d)   Pausenhof
    e)   Zeugnis

B1-2:   Körperteil : Auge = Erde : ?

a)   Universum
b)   Sonne
c)   Galaxie
d)   Berg
e)   Raumschiff

B1-3:   Getränk : Kaffee = Gemüse : ?

a)   Obst
b)   Grünkohl
c)   Supermarkt
d)   Restaurant
e)   Pausenbrot

B1-4:   Müdigkeit : Schlafen = Durst : ?

a)   Limonade
b)   Laufen
c)   Wandern
d)   Ausruhen
e)   Trinken

B1-5:   Ungerade Zahl : 11 = Gerade Zahl : ?

a)   87
b)   20
c)   77
d)   43
e)   49

B2   Gegenteiliges finden

Bei den folgenden Testaufgaben geht es darum, dass du zu einem vorgegebenen Begriff aus einer vorgeschlagenen Liste genau das Wort findest, das am ehesten dem Gegenteil des vorgegebenen Wortes entspricht.

Beispiel: Angenommen, das vorgegebene Wort lautet „laut".

Welches Wort aus der folgenden Liste entspricht am ehesten dem Gegenteil von „laut"?

a)   bescheiden
b)   entspannt
c)   leise
d)   zurückhaltend
e)   zart

Hier wäre die richtige Lösung: „leise".

<u>Zur Begründung:</u>   Das vorgegebene Wort „laut" hat damit zu tun, dass ein hörbares, deutlich wahrnehmbares Geräusch erzeugt wird, bei dem das Geräusch durch eine vergleichsweise große Energie in den transportierten Schallwellen entsteht. Das Gegenteil, „leise", meint, dass die Energie in den transportierten Schallwellen entsprechend geringer ist, sodass ein als *leise* wahrzunehmendes Geräusch entsteht.

B2-1   Das vorgegebene Wort lautet „stark".

Welches Wort aus der folgenden Liste entspricht am ehesten dem Gegenteil von „stark"?

a)   ungelenk
b)   unsicher
c)   fragwürdig
d)   schwach
e)   unbeholfen

B2-2   Das vorgegebene Wort lautet „großzügig".

Welches Wort aus der folgenden Liste entspricht am ehesten dem Gegenteil von „großzügig"?

a)   sparsam
b)   geizig
c)   unfreundlich
d)   ablehnend
e)   hilflos

B2-3   Das vorgegebene Wort lautet „dumm".

Welches Wort aus der folgenden Liste entspricht am ehesten dem Gegenteil von „dumm"?

a)   stark
b)   wissend
c)   belesen
d)   gebildet
e)   klug

B2-4   Das vorgegebene Wort lautet „bestätigen".

Welches Wort aus der folgenden Liste entspricht am ehesten dem Gegenteil
von „bestätigen"?

a)   wegnehmen
b)   zerstören
c)   hinterfragen
d)   verneinen
e)   bezweifeln

B2-5   Das vorgegebene Wort lautet „Freude".

Welches Wort aus der folgenden Liste entspricht am ehesten dem Gegenteil
von „Freude"?

a)   Angst
b)   Unsicherheit
c)   Traurigkeit
d)   Bedenken
e)   Unwissenheit

B3 Mathematische Knobelaufgaben

B3-1 Bonbons verteilen

Sandra verteilt viermal so viele Bonbons wie Tom, der seinerseits 4 Bonbons verteilt. Fritz verteilt ein Viertel weniger Bonbons als Sandra. Insgesamt werden 42 Bonbons verteilt. Frage: Wie viele Bonbons verteilt dann Sebnem?

B3-2 Ersparnisse berechnen

Jörg hat ein Drittel von dem gespart, was Monika mit insgesamt 330 € gespart hat. Jenny hat 30 € mehr gespart als Jörg. Tom hat das Doppelte von dem gespart was Jenny gespart hat. Wie viel hat Tom demnach gespart?

B3-3 Bücher lesen

Mandy hat ein Buch mehr gelesen als Fred. Achim, der insgesamt 24 Bücher gelesen hat, hat sechs Mal so viele Bücher gelesen wie Fred. Sabine hat 8 Bücher mehr gelesen als Fred. Wie viele Bücher hat demnach Sabine gelesen?

B3-4 Wer hat wann Geburtstag?

Finde für alle vier genannten Kinder anhand der Angaben heraus, wer in welchem Monat Geburtstag hat. Moritz hat im zweiten Monat eines neuen Jahres Geburtstag. Mia hat drei Monate vor Sascha Geburtstag, der im ersten Herbstmonat seinen Geburtstag feiert. Hannah hat einen Monat später Geburtstag als Mia.

B3-5 Wer hat wann Geburtstag?

Finde für alle vier genannten Kinder anhand der Angaben heraus, wer in welchem Monat Geburtstag hat. Susi hat im vierten Monat des Jahres Geburtstag. Antonia hat zwei Monate später Geburtstag als Bodo, der im ersten Sommermonat Geburtstag hat. Bernd hat im zweiten Frühlingsmonat Geburtstag.

B3-6 Wer hat wann Geburtstag?

Finde für alle vier genannten Kinder anhand der Angaben heraus, wer in welchem Monat Geburtstag hat. Angela hat im vorletzten Monat eines Jahres Geburtstag. John hat drei Monate vor Angela Geburtstag. Ramona hat im fünften Monat eines Jahres Geburtstag. Nick hat zwei Monate nach Ramona Geburtstag.

B3-7 Zahlen finden

Susi sagt: „Wenn du das Siebenfache meiner ausgedachten Zahl berechnest, dann erhältst du das gleiche Ergebnis, wie wenn du von der Zahl 140 ein Viertel berechnest. Wie lautet meine ausgedachte Zahl?“

B3-8 Zahlen finden

Ole sagt: „Wenn du vom Sechsfachen der Zahl, die ich mir ausgedacht habe die Zahl 8 subtrahierst, dann erhältst du das gleiche Ergebnis, wie wenn du das Fünffache der Zahl 8 berechnest. Wie heißt meine gesuchte Zahl?"

B3-9 Zahlen finden

Tülay sagt: „Wenn du zum Vierfachen meiner ausgedachten Zahl das Quadrat der Zahl 6 addierst, dann ergibt sich das gleiche Ergebnis, wie wenn du die Hälfte der Zahl 200 berechnest. Wie heißt meine gesuchte Zahl?"

Lösungen

A)   Sprachliche Intelligenz: Welches Wort passt nicht?

1. Omnibus (ist kein Wasserfahrzeug)
2. Elefant (ist kein Haustier)
3. Madrid (ist keine Stadt in Deutschland)
4. Pinsel (ist kein Schreibgerät, sondern vor allem zum Malen gedacht)
5. Frankreich (ist kein Erdteil, sondern ein Land)
6. blau (gehört nicht zu den drei Farben einer Verkehrsampel)
7. Schach (ist keine Ballsportart)
8. Sonne (ist kein Planet, sondern ein Stern)

B)   Sprachliche Intelligenz: Gleiche Wortbedeutung?

9. bedächtig
10. unintelligent
11. kräftig
12. träge
13. empathisch
14. knifflig
15. relaxt
16. üben

C)   Sprachliche Intelligenz: Buchstabensalat

17.   Flutlicht
18.   Osterhase
19.   Pausenhof
20.   Sportbeutel
21.   Kegelbahn
22.   Schulstunde

23.   Junge
24.   Lehrerin
25.   Gymnastik
26.   Sachkunde

D)   Sprachliche Intelligenz: Buchstabengruppen

27.   DGJM   (Jeweils 2 Buchstaben Abstand)
28.   AEIO   (Besteht nur aus Vokalen)
29.   ABCD   (Nur Buchstaben aus der 1. Alphabethälfte)
30.   DEFJ   (3 Buchstaben zwischen 3. und 4. Buchstaben)

E)   Sprachliche Intelligenz: Buchstabenreihen

31.   j   (Jeweils 2 aufeinanderfolgende Buchstaben, dann
                Lücke von 2 Buchstaben)
32.   v   (Jeweils der Folgebuchstabe des nächsten Vokals)
33.   y   (Jeweils die Position des nächsten Buchstaben gemäß
                der aufeinanderfolgenden Quadratzahlen: 1^1, 2^2, 3^2,
                4^2, 5^2: also Position: 1 – 4 – 9 – 16 - 25)
34.   z   (Jeweils der nächste Vokal + 1, dann nächster Vokal +
                2 usw.)
35.   d   (Rückwärts beginnend jeweils der direkt
                vorhergehende Buchstabe des nächsten Vokals; also:
                vor **a** kommt **z**, vor **u** kommt **t** usw.)

F)   Logisches Denken: Analogien

36.   Herbst
37.   Obst
38.   Maler

39. Landwirtin
40. Bücherei
41. Spanien
42. Sprache
43. Kartenspiel

G) Logisches Denken: Schlussfolgerungen

44. Baum C
45. Sabine
46. Sonja
47. Film D
48. Land A
49. Tom
50. Smartphone A

H) Logisches Denken: Zahlenreihen ergänzen

51. Berechnungsschema: +4
    Gesuchte Zahl: **24**
52. Berechnungsschema: *3 +2 (wiederholend)
    Gesuchte Zahl: **51**
53. Berechnungsschema: +2 *3 -4 (wiederholend)
    Gesuchte Zahl: **17**
54. Berechnungsschema: :2 (wiederholend)
    Gesuchte Zahl: **32**
55. Berechnungsschema: *3 *4 (wiederholend)
    Gesuchte Zahl: **432**
56. Berechnungsschema: +9 *2 -1 (wiederholend)
    Gesuchte Zahl: **56**
57. Berechnungsschema: *6
    Gesuchte Zahl: **7776**
58. Berechnungsschema: *5 -3 (wiederholend)
    Gesuchte Zahl: **35**

I)   Logisches Denken: Silbenrätsel

59.   Schulranzen – Pausenbrot – Lehrerzimmer
60.   Schreibheft – Klassenarbeit – Zeichenblock
61.   Turnhalle – Federmappe – Wandtafel
62.   Zeugnis – Benotung – Sachkunde
63.   Schwimmbad – Sportfest – Turnen

J)   Logisches Denken: Wochentage

64.   Samstag
65.   Freitag
66.   Montag
67.   Dienstag
68.   Samstag

K)   Logisches Denken: Unmögliches erkennen

69.   d   (Wenn eine Schülerin in der 4. Grundschulklasse ist, dann wird sie etwa 9 – 10 Jahre alt sein. Folglich kann sie dann im Alter von etwa 7 – 9 Jahren nicht schon Bundeskanzlerin gewesen sein.)

70.   d   (Ein Erwachsener bekommt keinen Schülerpass, weil er nicht mehr in eine Grundschule geht, und von daher keinen Anspruch auf einen Schülerpass hat.)

71.   d   (Die kleinste dreistellige Zahl ist 100. Das Ergebnis der Division von 1000 / 5 = 200. Somit kann 100 nicht größer sein als 200.)

72.   b   (Einem Braunbär fehlen die körperlichen und geistigen Voraussetzungen zum Schachspielen.)

73.   e   (Eine Schulklasse kann laut gesetzlicher Vorgaben nicht dreimal wiederholt werden.)

L)   Logisches Denken: Meinung oder Tatsache?

        74.   Tatsache
        75.   Tatsache
        76.   Meinung
        77.   Tatsache
        78.   Tatsache
        79.   Meinung
        80.   Meinung
        81.   Tatsache
        82.   Tatsache
        83.   Meinung

M)   Mathematische Fähigkeiten: Kopfrechnen

        84.   82
        85.   176
        86.   63
        87.   4
        88.   40
        89.   660
        90.   379
        91.   84
        92.   4936
        93.   527

N)   Mathematische Fähigkeiten: Rechenzeichen einsetzen

        94.   *
        95.   /
        96.   *   +
        97.   -   *   +

98.	*	-	+	
99.	*	+	/	
100.	+	+	-	/
101.	*	+	/	+
102.	*	*	*	*

O)   Beobachtungsgabe: Welches Zeichen ist anders in einer Reihe?

103. F
104. O
105. I
106. N
107. V
108. S
109. F
110. O
111. J

P)   Merkfähigkeit: Wörter einprägen, falsche Wörter identifizieren

112 a) Fuchs
112 b) Island
112 c) orange
112 d) Düssel

113 a) Barbara
113 b) Thomas
113 c) groß
113 d) Uranus
113 e) ARTE
113 f) Angela

114 a) 81

114 b) 144
114 c) 24, 34
114 d) 49
114 e) 3
114 f) 90
114 g) 1
114 h) 29

Q)   Merkfähigkeit: Begriffe merken

115 a) 6. Zeile
115 b) Rumpelstilzchen
115 c) 1. Zeile
115 d) grün
115 e) ICE
115 f) Boot
115 g) Europa
115 h) Mund
115 i) Rose
115 j) Auge

R)   Merkfähigkeit: Adressen merken

116 a) Sophie Schulz
116 b) 12 Jahre
116 c) Schach
116 d) Prinzengasse 12
116 e) Hannah Schäfer
116 f) 51080 Köln
116 g) Leni Sammer
116 h) Luca Fischer
116 i) Clara Ecker
116 j) Siebelstraße 71

S)   Merkfähigkeit: Texte einprägen, anschließend Fragen beantworten

        117 a) 324 Kinder
        117 b) 100 m-Lauf, Weitsprung, Hochsprung, Kugelstoßen
        117 c) Erik Schuster
        117 d) Jessica Palme
        117 e) 6,22 m
        117 f) 22 Ehrenurkunden
        117 g) Frau Sonnenschein
        117 h) 65 Liter Limonade
        117 i) 386 €
        117 j) Treue Seele
        117 k) Frau Wiebach, Frau Sandig
        117 l) 125 €

T)   Buchstabensalat

        118.   Für jedes korrekt gefundene Wort gibt es 1 Punkt.
        Brettspiele: Mühle – Dame – Schach – Halma
        Ballspiele: Handball – Basketball – Wasserball – Volleyball

        119.   Für jedes korrekt gefundene Wort gibt es 1 Punkt,
        Baumarten: Birke – Buche – Eiche – Pappel
        Schulfächer: Mathematik – Deutsch – Geschichte – Sport

U)   Oberbegriffe finden

120.   Farbe   :   blau
        Musikinstrument   :   Gitarre
        Unterrichtsfach   :   Mathematik
        Sportart   :   Handball
        Gebirge   :   Alpen
        Märchen   :   Hänsel und Gretel

Familienmitglied	:	Bruder
Nahrungsmittel	:	Kartoffeln
Obst	:	Melone
Kindersendung im TV	:	Tigerenten Club
Haustier	:	Katze
Verkehrsmittel	:	S-Bahn
Werkzeug	:	Hammer
Rechenart	:	Division
Schreibgerät	:	Füller
Getränk	:	Kakao

121.

Süßigkeit	:	Marzipan
Fluss	:	Elbe
Kleidungsstück	:	Hose
Begriff aus der Musik	:	Dur
Himmelskörper	:	Saturn
Möbelstück	:	Couch
Blume	:	Tulpe
Baumart	:	Buche
Fernsehsender	:	ARD
Glücksspiel	:	Samstagslotto
Naturwissenschaft	:	Chemie
Flugzeugtyp	:	Boeing 737
Fachärztin	:	Orthopädin
Klebstoff	:	UHU
Schönes Gefühl	:	Zuneigung
Kontinent	:	Australien
Baustoff	:	Holz
Vogel	:	Amsel
Raubtier	:	Leopard
Wetterphänomen	:	Schnee
Kinderbuchautorin	:	Enid Blyton

V)	Passende Begriffe finden

122.	schön – dick – eng – fest – flüssig – heiß – schlau – wunderbar –
hoch – liebevoll – gemein – hilfsbereit – hässlich – kalt – bequem –
faul – leise – windstill – scharf – ungeduldig – gelassen – sorgfältig
– übersichtlich – ausdauernd – glücklich – hell

123.	8 – 32 – 56 – 84 – 100 – 140 – 220 – 400 – 2200 – 4100

W)	Schnell Wörter finden

124.	Hier ist die jeweilige Lösung selbsterklärend.

X)	Wörter miteinander verbinden

125.	a)	BLAU
	b)	BALL
	c)	ZIMMER
	d)	TIER
	e)	SAFT
	f)	GARTEN
	g)	WERK
	h)	STAMM
	i)	WAND
	j)	KUH

Y)	Merkfähigkeit

126.	a)	gut - groß
	b)	lesen

c)   2 Nomen: Baum, Mensch
d)   Köln
e)   Weser, Wupper
f)   6 gerade Zahlen: 2 – 6 – 12 – 16 – 38 – 40
g)   Noah
h)   spielen
i)   Bonn
j)   Sarah, Ole

Z)   Sudoku

127.

1	9	2	6	8	7	4	3	5
5	7	8	1	3	4	2	6	9
4	3	6	9	2	5	1	7	8
8	1	9	7	4	3	5	2	6
7	2	4	5	6	9	8	1	3
6	5	3	2	1	8	9	4	7
2	8	1	3	9	6	7	5	4
9	6	7	4	5	1	3	8	2
3	4	5	8	7	2	6	9	1

<u>**Lösungen zu den Bonus-Aufgaben:**</u>

B1-1: Deutsch

B1-2: Berg

B1-3: Grünkohl

B1-4: Trinken

B1-5: 20

B2-1: schwach

B2-2: geizig

B2-3: klug

B2-4: verneinen

B2-5: Traurigkeit

B3-1: Wenn Sandra viermal so viele Bonbons verteilt wie Tom, der seinerseits 4 Bonbons verteilt, dann verteilt Sandra demnach 16 Bonbons. Fritz verteilt ein Viertel weniger Bonbons als Sandra. Also verteilt Fritz demnach 12 Bonbons. Wenn nun insgesamt 42 Bonbons verteilt werden, dann muss Sebnem also 42 – 16 – 12 – 4 = 10 Bonbons verteilen.

B3-2: Jörg hat ein Drittel von Monikas Betrag (330 €) gespart; also 110 €. Jenny hat 30 € mehr gespart als Jörg; also 140 €. Tom hat doppelt so viel gespart wie Jenny; demnach also 280 €.

B3-3: Wenn Achim sechsmal so viele Bücher (24) gelesen hat wie Fred, dann muss demnach Fred 4 Bücher gelesen haben. Mandy hat ein Buch mehr gelesen als Fred; also 5 Bücher. Sabine hat 8 Bücher mehr gelesen als Fred; also 12 Bücher.

B3-4   Moritz   :   Februar

        Mia   :   Juni

        Sascha   :   September

        Hannah   :   Juli

B3-5   Antonia   :   August

        Bernd   :   April

        Susi   :   April

        Bodo   :   Juni

B3-6   Angela   :   November

        John   :   August

        Ramona   :   Mai

        Nick   :   Juli

B3-7   Die gesuchte Zahl lautet: **5**.

        ¼ von 140 = 35. Ein Siebtel von 35 = 5. Also lautet die gesuchte

        Zahl 5.

B3-8   Die gesuchte Zahl lautet: **8**.

Das Fünffache der Zahl 8 = 40. Wenn zuvor also 8 subtrahiert worden ist, muss das Produkt zuvor 40 + 8 = 48 gelautet haben. Um die gesuchte Zahl zu ermitteln, muss nun die Zahl 48 durch 6 dividiert werden; also 48 / 6 = 8.

B3-9   Die gesuchte Zahl lautet **16**.

Die Hälfte der Zahl 200 lautet 100. Wenn man von 100 die Quadratzahl von 6 subtrahiert (hier: 6 x 6 = 36); also 100 – 36, dann erhält man die Zahl 64. Ein Viertel von 64 = 16.

Punkteverteilung

1	:	1	51	:	2	86 a	:	1
2	:	1	52	:	2	86 b	:	1
3	:	1	53	:	2	86 c	:	1
4	:	1	54	:	2	86 d	:	1
5	:	1	55	:	3	86 e	:	1
6	:	1	56	:	3	86 f	:	1
7	:	1	57	:	3	86 g	:	1
8	:	1	58	:	3	86 h	:	1
9	:	1	59	:	2	86 i	:	1
10	:	1	60	:	2	86 j	:	1
11	:	1	61	:	2	87 a	:	1
12	:	1	62	:	2	87 b	:	1
13	:	1	63	:	2	87 c	:	1
14	:	1	64	:	2	87 d	:	1
15	:	1	65	:	2	87 e	:	1
16	:	1	66	:	2	87 f	:	1
17	:	1	67	:	2	87 g	:	1
18	:	1	68	:	2	87 h	:	1
19	:	1	69	:	2	87 i	:	1
20	:	1	70	:	2	87 j	:	1
21	:	1	71	:	2	88 a	:	1
22	:	1	72	:	2	88 b	:	1
23	:	1	73	:	2	87 c	:	1
24	:	1	74	:	1	87 d	:	1
25	:	1	75	:	1	87 e	:	1
26	:	1	76	:	1	87 f	:	1
27	:	2	77	:	1	87 g	:	1
28	:	2	78	:	1	87 h	:	1
29	:	2	79	:	1	87 i	:	1
30	:	2	80	:	1	87 j	:	1
31	:	2	81	:	1	87 k	:	1
32	:	2	82	:	1	87 l	:	1

33	:	2	83	:	1	101	:	3
34	:	2	84	:	1	102	:	3
35	:	2	85	:	1	103	:	1
36	:	2	86	:	1	104	:	1
37	:	2	87	:	2	105	:	1
38	:	2	88	:	2	106	:	1
39	:	2	89	:	2	107	:	1
40	:	2	90	:	3	108	:	1
41	:	2	91	:	3	109	:	1
42	:	2	92	:	3	110	:	1
43	:	2	93	:	3	111	:	1
44	:	3	94	:	3	112 a	:	2
45	:	3	95	:	3	112 b	:	2
46	:	3	96	:	3	112 c	:	2
47	:	3	97	:	3	112 d	:	2
48	:	3	98	:	3	113 a	:	2
49	:	3	99	:	3	113 b	:	2
50	:	3	100	:	3	113 c	:	2

113 d	:	2	115 e	:	2	116 j	:	2
113 e	:	2	115 f	:	2	117 a	:	2
113 f	:	2	115 g	:	2	117 b	:	2
114 a	:	2	115 h	:	2	117 c	:	2
114 b	:	2	115 i	:	2	117 d	:	2
114 c	:	2	115 j	:	2	117 e	:	2
114 d	:	2	116 a	:	2	117 f	:	2
114 e	:	2	116 b	:	2	117 g	:	2
114 f	:	2	116 c	:	2	117 h	:	2
114 g	:	2	116 d	:	2	117 i	:	2
114 h	:	2	116 e	:	2	117 j	:	2
115 a	:	2	116 f	:	2	117 k	:	2
115 b	:	2	116 g	:	2	117 l	:	2
115 c	:	2	116 h	:	2	118	:	8
115 d	:	2	116 i	:	2	119	:	8

120	:	Je richtige Zuordnung 1 Punkt (insgesamt 16 Punkte)
121	:	Je richtige Zuordnung 1 Punkt (insgesamt 21 Punkte)
122	:	Für jedes richtig erkannte Adjektiv gibt es 1 Punkt. Insgesamt also 26 Punkte. Für jedes falsch erkannte Adjektiv wird 1 Punkt abgezogen.
123	:	Für jede korrekte Zahl gibt es 1 Punkt. Insgesamt demnach 10 Punkte. Für jede falsche Zahl wird 1 Punkt abgezogen.

124 a :

0 – 3 Wörter	:	1 Punkt
4 – 6 Wörter	:	2 Punkte
7 – 9 Wörter	:	3 Punkte
>= 10 Wörter	:	4 Punkte

124 b :

0 – 3 Wörter	:	1 Punkt
4 – 6 Wörter	:	2 Punkte
7 – 9 Wörter	:	3 Punkte
>= 10 Wörter	:	4 Punkte

124 c :

0 – 3 Wörter	:	1 Punkt
4 – 6 Wörter	:	2 Punkte
7 – 9 Wörter	:	3 Punkte
>= 10 Wörter	:	4 Punkte

125	:	Für jedes richtig und sinnvoll erkannte Bindewort gibt es 2 Punkte. (Insgesamt 20 Punkte)
126 a-j	:	Je 2 Punkte. (Insgesamt 20 Punkte)
127	:	Für das Sudoku gibt es – allerdings nur bei vollständig korrekter Lösung 40 Punkte.

Punkteverteilung bei den Bonus-Aufgaben

B1-1 bis B1-5: Je 1 Punkt (insgesamt also 5 Punkte)

B2-1 bis B2-5: Je 1 Punkt (insgesamt also 5 Punkte)

B3-1 bis B3-3: Je 3 Punkte (insgcsamt also 9 Punkte)

B3-4 bis B4-6: Je 2 Punkte (insgesamt also 6 Punkte)

B3-7 bis B3-9: Je 4 Punkte (insgesamt also 12 Punkte)

<u>Auswertung</u>

Wie schon zuvor erwähnt, handelt es sich bei dem hier vorliegenden IQ-Test <u>nicht</u> um einen solchen, der unter wissenschaftlichen Aspekten erstellt wurde, sondern vielmehr um einen solchen, der dir die Gelegenheit geben sollte, möglichst typische Testaufgaben aus klassischen Bereichen (Logik, Sprache, Gedächtnis usw.) trainieren zu können.

Aus diesem Grund wird hier auch bewusst darauf verzichtet, konkrete IQ-Werte zu nennen. Voraussetzung dafür wäre eine wissenschaftlich gesicherte sowie statistisch-signifikante Kontrollgruppe, die hier jedoch <u>nicht</u> Gegenstand dieses IQ-Tests gewesen ist.

Von daher werden hier absichtlich nur grobe Orientierungsmarken genannt, sodass du dich mit anderen Kindern, die diesen IQ-Test unter vergleichbaren Bedingungen durchführen, vergleichen kannst.

Unabhängig davon, wie dein konkretes Testergebnis hier ausgefallen ist, solltest du bitte niemals vergessen, dass der hier ermittelte Testwert nichts über deine Qualitäten als Mensch aussagt. Neben verschiedenen intellektuellen Fähigkeiten, die sich mit klassischen Tests messen lassen, gibt es viele höchst wichtige und wertvolle Werte, die einen Menschen auszeichnen. Bitte vergiss das nicht, falls dein Testergebnis hier nicht so gut ausgefallen sein sollte, wie du es dir vielleicht erhofft hast.

535 – 548	:	Herausragendes Ergebnis
510 – 534	:	Sehr gutes Ergebnis
470 – 509	:	Ergebnis im oberen Mittelfeld
400 – 469	:	Durchschnittliches Ergebnis
351 – 399	:	Leicht unterdurchschnittliches Ergebnis
274 – 350	:	Ausbaufähiges Ergebnis
190 – 273	:	Relativ schwaches Ergebnis
100 – 189	:	Sehr schwaches Ergebnis
0 – 99	:	Extrem schwaches Ergebnis

Abschließende Empfehlung:

Bitte bedenke, dass sich derartige IQ-Testaufgaben innerhalb eines gewissen Leistungsrahmens trainieren lassen. Je häufiger du Testaufgaben solcher Art übst, desto besser werden perspektivisch deine Testergebnisse ausfallen.

Von daher solltest du dein hier ermitteltes Testergebnis bitte nur als eine Momentaufnahme betrachten, die nicht für alle Zeiten „in Stein gemeißelt ist".

Ich wünsche dir viel Freude sowie viel Erfolg bei deinem persönlichen IQ-Test!

Düsseldorf, im Herbst 2024

Kontakt zum Autor:

Psychologische Beratung & Lerncoaching, Aribert Böhme
Psychologischer Berater (SGD-Dipl.) & Lerncoaching
DV-Kfm. & EDV-Dozent & Autor
Mitglied im Who-is-Who Deutschland & Europa
E-Mail: Psychologische_Beratung_Boehme@gmx.de
Internet: www.aribertboehme.de

Buchempfehlungen:

IQ-Training für Kinder (2019) – 3. verbesserte Neuauflage
ISBN-13: 9783749422692
Aribert Böhme
Erscheinungsdatum: April 2021
Erhältlich als Buch und als eBook.

IQ-Training für Kinder 2020
ISBN-13: 9783750411272
Aribert Böhme
Erscheinungsdatum: 09.03.2020
Erhältlich als Buch und als eBook.

IQ-Training für Kinder 2021
ISBN-13: 9783752627466
Aribert Böhme
Erscheinungsdatum: 20.10.2020
Erhältlich als Buch und als eBook.

IQ-Training für Kinder 2022
ISBN-13: 9783754373446
Aribert Böhme
Erscheinungsdatum: 04.10.2021
Erhältlich als Buch und als eBook.

IQ-Training für Kinder 2023
ISBN-13: 9783756235629
Aribert Böhme
Erscheinungsdatum: 21.11.2022
Erhältlich als Buch und als eBook.

IQ-Training für Kinder 2024
ISBN-13: 9783757890698
Aribert Böhme
Erscheinungsdatum: 16.10.2023
Erhältlich als Buch und als eBook.

Das große IQ-Trainingsbuch für Kinder
ISBN-13: 9783757889326
Aribert Böhme
Erscheinungsdatum: 03.04.2024
Erhältlich als Buch und als eBook.

Gedankensplitter
Nachdenkliches für achtsame Menschen
ISBN-13: 9783754372609
Aribert Böhme
Erscheinungsdatum: 20.10.2021
Erhältlich als Buch und als eBook.

Erfolgreicher Übertritt von der Grundschule zur Weiterführenden Schule
ISBN-13: 9783759723123
Aribert Böhme
Erscheinungsdatum: 23.08.2024
Erhältlich als Buch und als eBook.

<u>Kontakt zum Autor:</u>

Psychologische Beratung, Aribert Böhme

Psychologischer Berater (SGD-Dipl.) & Lerncoach

DV-Kfm. & EDV-Dozent & Autor

Mitglied im Who-is-Who Deutschland & Europa

E-Mail: Psychologische_Beratung_Boehme@gmx.de

Internet: www.aribertboehme.de

Privatunterricht im Raum Düsseldorf – Ratingen – Meerbusch - Hilden

Zielgruppe: Schüler*innen der Klassen 1 – 8 (alle Schulformen)

Fachbereiche: Mathematik, Deutsch, Englisch, Lerntechniken

Zusatzdienste: Lernpsychologische Beratung, Gedächtnistraining

Detaillierte Informationen: Psychologische_Beratung_Boehme@gmx.de